Heinrich Rodewald
Goethe in Trarbach und sein
Besuch bei Ludwig Böcking

AF201279

HEINRICH RODEWALD

Goethe in Trarbach und sein Besuch bei Ludwig Böcking

Herausgegeben von
Christian Justen

Bibliografische Information der
Deutschen Nationalbibliothek:
Die Deutsche Nationalbibliothek verzeichnet diese
Publikation in der Deutschen Nationalbibliografie;
detaillierte bibliografische Daten sind im Internet über
http://www.dnb.de abrufbar.

Einbandillustration und Buchschmuck:
Bernhard Wendhut (1875–1941).

Gesetzt mit pdfLaTeX aus der »Adobe Minion Pro«.

© 2017
Herstellung und Verlag:
BoD – Books on Demand, Norderstedt

ISBN 978-3-7460-1347-3

Zu dieser Ausgabe

Die kleine Schrift des Irmenacher Pfarrers Heinrich Rodewald über Goethes kurzen Aufenthalt in Trarbach erschien im Jahr 1926 im Verlag Georg Balmer, Traben-Trarbach. Natürlich ist sie – trotz einem im Jahr 1992 durch das Weingut Böcking veranlassten Nachdruck – schon lange vergriffen und damit wie der Großteil der Arbeiten Rodewalds nur noch schwer zugänglich.

Zwar ist geplant, das Goethe-Büchlein im vierten Band der im Erscheinen begriffenen Rodewald-Werkausgabe zu veröffentlichen, allerdings wird doch noch einige Zeit ins Land gehen, bis die Arbeiten daran abgeschlossen sind. So erscheint es sinnvoll, die Schrift, welche ja vielleicht auch für ein breiteres Publikum von Interesse sein mag, vorab in einer Einzelausgabe zu veröffentlichen, zumal sich Goethes Aufenthalt in Trarbach im Jahr 2017 zum 225. Mal jährt.

Die Anmerkungen, welche im Original als Endnoten erscheinen, sind der besseren Übersichtlichkeit wegen als Fußnoten gesetzt. Die Zahlen am Rand des Textes verweisen auf die Seitenzahlen der Erstausgabe. Orthographie und Interpunktion wurden beibehalten, lediglich offensichtliche Druckfehler wurden stillschweigend korrigiert.

Die Texterfassung erfolgte über ein OCR-Programm. Es kann trotz sorgfältigem Korrekturlesen leider nicht ausbleiben, dass sich dabei der ein oder andere Fehler in den Text eingeschlichen hat. Hinweise zu Druckfehlern werden dankbar entgegengenommen.

Übach-Palenberg, im Oktober 2017
Christian Justen

Goethe in Trarbach

und sein Besuch bei Ludwig Böcking

von

Pfarrer Lic. Rodewald

in Irmenach

Mit einem Bildnis Goethes nach Joh. Heinr. Lips
und drei Böckingschen Familienbildern
sowie der Wiedergabe einer
ältesten, naturechten Ansicht von Alt-Trarbach,
einziger Kupferstich aus der Franzosenzeit
um 1800

* 1926 *

Verlag: Georg Balmer · Traben-Trarbach

| Vorwort.

Das nachstehende kleine Schriftchen macht nicht
den Anspruch großer und neuer Entdeckungen
für die Goethe-Literatur. Es ist lediglich eine hei-
matgeschichtliche Studie, welche die kurze Episo-
de des Trarbacher Goethebesuches in den Rahmen
des damaligen Trarbach und seiner Bewohner hin-
einzustellen und ihm von dieser Seite her eine
neue Beleuchtung zu geben versucht. Daß dabei
nicht alle Fragen restlos gelöst werden konnten,
ist bei solchen Untersuchungen nichts Neues. Im-
merhin läßt sich durch sorgfältige Heranziehung
der leider nur ziemlich bescheidenen Quellen ein
Bild gewinnen, das klar und ansprechend zugleich
ist. Lokal- oder landesgeschichtliche Einzelheiten
sind in die Anmerkungen verwiesen. In ihnen findet sich auch, was zum Verständnis des Goethe-
Textes notwendig ist. – Die dem Hefte beigefügten
Bilder werden dem Heimatfreunde nicht unwill-
kommen sein. Neben dem bekannten Goethebilde
von Lips, welches die Züge des Dichters im Jahre 1792 wiedergibt, werden zum ersten Male drei
Böckingsche Familienbilder veröffentlicht, deren
Originale sich im alten Böckingschen Familienhause befinden. Es sind sämtlich Altersbildnisse;

von Ludwig Böcking mußte die Totenmaske genommen werden, weil sonst kein Bild von ihm vorhanden ist. Von Eleonore Böcking geb. Hauth gibt es auch noch ein Jugendbildnis. Weil sie auf
4 die Erziehung und | künstlerische Bildung ihres Sohnes von großem Einfluß gewesen ist, geziemt ihr wohl ein Platz neben den Böckingschen Eheleuten, in deren behaglicher Häuslichkeit Goethe bei einem guten Tropfen köstlichen Moselweins die Tücken des damals recht unfreundlichen Moselstromes schnell vergaß. Herrn Richard Böcking in Trarbach, welcher die Reproduktion der Bilder bereitwilligst gestattete, spreche ich meinen besten Dank aus. Das Bild von Trarbach entstammt der Sammlung des Herrn Dr. Spies in Traben. Ich danke ihm, daß er es freundlichst für dies Büchlein zur Verfügung stellte. Ebenso gilt mein Dank dem Herrn Professor Wahle vom Goethe-Schiller-Archiv in Weimar, welcher mir freundliche Auskunft auf mancherlei Anfragen gab, sowie allen Trarbacher Heimatfreunden, welche mich bei meiner Arbeit unterstützten. Das Bild auf dem Umschlag ist eine Ansicht des alten Böckingschen Hauses von der Moselseite aus.

Irmenach bei Trarbach, Juni 1926.

Goethe im Jahre 1792.
Nach einem Kupferstich von Joh. Heinr. Lips

7 Die Sorge des Herzogs für sein Regiment ward nun tätig und klar; denn als die Kranken zu Wagen fortzubringen unmöglich war, so ließ der Fürst ein Schiff mieten, um sie bequem (von Trier) nach Koblenz zu transportieren ... Als ich nun die Abfahrt jener kranken und ermüdeten Reiter eifrig betrieben sah, ergriff mich gleichfalls das Gefühl, es sei wohl am besten getan, einen Ausweg auf dem Wasser zu suchen. Sehr ungern ließ ich meine Chaise zurück, die man mir aber nach Koblenz nachzusenden versprach, und mietete ein einmänniges Boot, wo mir denn beim Einschiffen meine sämtlichen Habeligkeiten, gleichsam vorgezählt, einen sehr angenehmen Eindruck machten, indem ich sie mehr als einmal verloren glaubte oder zu verlieren fürchtete. Zu dieser Fahrt gesellte sich ein preußischer Offizier, den ich als alten Bekannten aufnahm, dessen ich mich als Pagen gar wohl erinnerte und dem seine Hofzeit noch gar deutlich vorschwebte; wie er mir denn gewöhnlich den Kaffee wollte präsentiert haben.

Das Wetter war leidlich, die Fahrt ruhig und man erkannte die Anmut dieser Wohltat um so mehr, je mühseliger auf dem Landwege, der sich dem Flusse | hie und da näherte, die Kolonnen 8 dahinzogen oder auch von Zeit zu Zeit stockend verweilten. Schon in Trier hatte man geklagt, daß bei so eiligem Rückmarsch die größte Schwierigkeit sei, Quartier zu finden, indem gar oft die einem Regiment angewiesenen Ortschaften schon besetzt gefunden wurden, wodurch große Not und Verwirrung entstehe.

Die Uferansichten der Mosel waren längs dieser Fahrt höchst mannigfaltig, denn obgleich das Wasser eigensinnig seinen Hauptlauf von Südwest nach Nordost richtet, so wird es doch, da es ein schikanöses gebirgisches Terrain durchstreift, von beiden Seiten durch vorspringende Winkel bald rechts, bald links gedrängt, so daß es nur in weitläufigen Schlangenwindungen fortwandeln kann. Deswegen ist denn aber auch ein tüchtiger Fährmeister höchst nötig; der unsere bewies Kraft und Gewandtheit, indem er bald hier einen vorgeschobenen Kies zu vermeiden, sogleich aber dort den an steiler Felswand herflutenden Strom zu schnellerer Fahrt kühn zu benutzen wußte. Die vielen Ortschaften zu beiden Seiten gaben den muntersten Anblick; der Weinbau, überall sorgfältig gepflegt, ließ auf ein heiteres Volk schließen, das keine Mühe schont, den köstlichen Saft zu erzielen. Jeder sonnige Hügel war benutzt, bald aber bewunderten wir schroffe Felsen am Strom, auf deren schmalen vorragenden Kanten, wie auf zufälligen Naturterrassen, der Weinstock zum allerbesten gedieh.

9 | Wir landeten bei einem artigen Wirtshause, wo uns eine alte Wirtin wohl empfing, manches erdultete Ungemach beklagte, den Emigrierten aber besonders alles Böse gönnte. Sie habe, sagte sie, an ihrem Wirtstische gar oft mit Grauen gesehen, wie diese gottvergessenen Menschen das liebe Brot kugel- und brockenweise sich an den Kopf geworfen, so daß sie und ihre Mägde es nachher mit Tränen zusammengekehrt.

Und so ging es mit gutem Glück und Mut immer weiter hinab bis zur Dämmerung, da wir uns denn aber in das mäandrische Flußgewinde, wie es sich gegen die Höhen von Montroyal herandrängt, verschlungen sahen. Nun überfiel uns die Nacht, bevor wir Trarbach erreichen oder auch nur gewahren konnten. Es ward stockfinster; eingeengt wußten wir uns zwischen mehr oder weniger steilem Ufer, als ein Sturm, bisher schon ruckweise verkündigt, gewaltsam anhaltend hereinbrach; bald schwoll der Sturm im Gegenwinde,

bald wechselten abprallende Windstöße nieder-
stürzend mit wütendem Sausen; eine Welle nach
der anderen schlug über den Kahn, wir fühlten
uns durchnäßt. Der Schiffmeister barg nicht seine Verlegenheit; die Not schien immer größer, je
länger sie dauerte, und der Drang war aufs höch-
ste gestiegen, als der wackre Mann versicherte, er
wisse weder, wo er sei, noch wohin er steuern solle.

Unser Begleiter verstummte, ich war still in mir
gefaßt. Wir schwebten in der tiefsten Finsternis,
| nur manchmal wollte mir scheinen, daß Mas-   10
sen über mir doch noch etwas dunkler als der
verfinsterte Himmel sich dem Auge bemerkbar
machten; dies gewährte jedoch wenig Trost und
Hoffnung; zwischen Land und Fels eingeschlos-
sen zu sein, drang sich immer ängstlicher auf. Und
so wurden wir im Stockfinsteren lange hin und
her geworfen, bis sich endlich in der Ferne ein
Licht und damit auch Hoffnung auftat. Nun ward
nach Möglichkeit drauf losgesteuert und gerudert,
wobei sich Paul nach Kräften tätig erwies.

Endlich stiegen wir in Trarbach glücklich ans
Land, wo man uns in einem leidlichen Gasthofe
Henne mit Reis anbot. Ein angesehener Kaufmann
aber, die Landung in so tiefer stürmischer Nacht
vernehmend, nötigte uns in sein Haus, wo wir bei
hellem Kerzenschein, in wohlgeschmückten Zim-

mern englische schwarze Kunstblätter, in Rahm und Glas gar zierlich aufgehangen, mit Freude, ja mit Rührung gegen die kurz vorher erduldeten finsteren Gefährlichkeiten begrüßend erblickten. Herr und Frau, noch junge Leute, beeiferten sich, uns gütlich zu tun; wir genossen des köstlichsten Moselweins, an dem sich mein Gefährte, der eine Wiederherstellung freilich am nötigsten haben mochte, besonders erquickte.

Paul gestand, daß er sich schon Rock und Stiefel ausgezogen, um, wenn wir scheitern sollten, uns durch Schwimmen zu erretten; wobei er sich denn freilich nur allein möchte durchgebracht haben.

11 | Kaum hatten wir uns getrocknet und geletzt, als es in mir schon wieder zu treiben anfing und ich fortzueilen begehrte. Der freundliche Wirt wollte uns nicht entlassen, sondern verlangte, wir sollten den morgenden Tag noch zugeben, versprach auch von einer benachbarten Höhe die weiteste, schönste Aussicht über ein bedeutendes Gelände und manches andere, was uns zur Erquickung und Zerstreuung hätte dienen können. Aber es ist wunderbar: wie sich der Mensch an ruhige Zustände gewöhnt und in denselben verharren mag, so gibt es auch eine Gewöhnung zum Unruhigen; es war in mir die Nötigung zu einem rollenden Forteilen, der ich nicht gebieten konnte.

Als wir daher fortzueilen im Begriff standen, nötigte uns der wackere Mann noch zwei Matratzen auf, damit wir im Schiff wenigstens einige Bequemlichkeit hätten; die Frau gab solche nicht gerne her, welches ihr, da ihr Barchent neu und schön, gar nicht zu verdenken war. Und so ereignet sich's oft in Einquartierungsfällen, daß bald der eine, bald der andere Gatte dem aufgedrungenen Gast mehr oder weniger wohl will.

Bis Coblenz schwammen wir ruhig hinunter, und ich erinnere mich nur deutlich, daß ich am Ende der Fahrt das schönste Naturbild gesehen, was mir vielleicht zu Augen gekommen. Als wir gegen die Moselbrücke zufuhren, stand uns dieses schwarze mächtige Bauwerk kräftig entgegen; durch die | Bogenöffnungen aber schauten die 12 stattlichen Gebäude des Tals, über der Brückenlinie sodann das Schloß Ehrenbreitstein im blauen Dufte durch und hervor. Rechts bildete die Stadt, an die Brücke sich anschließend, einen tüchtigen Vorgrund. Dieses Bild gab einen herrlichen, aber nur augenblicklichen Genuß; denn wir landeten und schickten sogleich gewissenhaft die Matratzen an das von den wackern Trarbachern uns bezeichnete Handelshaus.

Dem Herzog von Weimar war ein schönes Quartier eingeräumt, worin auch ich ein gutes Unterkommen fand. Die Armee rückte nach und nach heran; die Dienerschaft des fürstlichen Generals traf ein und konnte nicht genug von den Unbilden erzählen, die sie erleiden müssen. Wir segneten uns, die Wasserfahrt eingeschlagen zu haben, und die glücklich überstandene Windsbraut schien nur ein geringes Uebel gegen eine stockende und überall gehinderte Landfahrt.

Der Fürst selbst war angekommen; um den König versammelten sich viele Generäle; ich aber, in einsamen Spaziergängen am Rhein hin, wiederholte mir die wunderlichen Ereignisse der vergangenen Wochen.

Trarbach um 1800

15 **A**m Abend des 1. November 1792 – es war an einem Donnerstag – hat Goethe auf seiner Rückkehr aus dem Feldzug in Frankreich einige Stunden in dem gastfreien Hause des Kaufmannes Ludwig Böcking in Trarbach verweilt. In sehr fesselnder und anschaulicher Weise erzählt er hiervon in den vorstehenden, allgemein bekannten Abschnitten, welche zugleich die vorhergehenden und nachfolgenden Erlebnisse kurz berühren. Man sieht heute dem Ganzen die vielfache Mühe nicht mehr an, welche einst bei der Abfassung zu überwinden war. In den älteren Goethe-Ausgaben findet sich in der Einleitung zur Kampagne in Frankreich wohl die Bemerkung, daß das Werk aus Briefen und Tagebüchern für den Druck ausgearbeitet sei, wobei natürlich jeder an des Verfassers eigene Tagebücher denkt. So einfach ist die Sache doch nicht gewesen. Nähere Untersuchungen, vor allen Dingen das alle frühere Arbeiten zusammenfassende und

14

vielfach selbständig weiterbauende Buch von Gustav Roethe[1] lassen uns einen tiefen Einblick tun, mit welchen Schwierigkeiten der alternde Dichter zu kämpfen hatte, als er in den Jahren 1820 und 1821 an die Arbeit ging, Bilder | zu neuem Leben zu erwecken, die fast 30 Jahre hinter ihm lagen. Es steht nämlich schon länger fest, daß es sich bei dem Tagebuch nicht um das eigene handelt, welches er in einer unwilligen, später sehr bereuten Laune noch vor der Rückkehr nach Weimar in Pempelfort gelegentlich seines Aufenthaltes bei der Familie Jakobi[2] verbrannte, sondern um das des Kämmeriers Wagner. Das war ein alter treuer

---

1. | Gustav Roethe, Goethes Campagne in Frankreich 1792. Eine philologische Untersuchung aus dem Weltkriege. Berlin 1919.

2. Friedrich Heinrich Jacobi, Schriftsteller und Philosoph, 1743–1819. Er hatte im Juli 1774 zum ersten Male den Besuch Goethes auf seinem Gute Pempelfort bei Düsseldorf erhalten. Der damals geschlossene Freundschaftsbund überdauerte alle Gegensätze der Anschauungen und trieb Goethe damals von Coblenz aus zu einem neuen Besuche, bei welchem die Gegensätze nur neu in die Erscheinung traten. Friedrich Heinrich Jacobi war der Vater des am 2. Juli 1765 geborenen Friedrich Jacobi, welcher neben seiner kaufmännischen Berufstätigkeit noch eine sehr rührige Tätigkeit als Präsident des neugegründeten lutherischen Generalkonsistoriums in Köln entfaltete und als solcher auch der kirchliche Oberherr der lutherischen Kirche des früheren Oberamtes

Diener des Herzogs, der schon 1763 Lakai des jungen Erbprinzen geworden war und bis 1802 die herzogliche Privatschatulle verwaltete, in dieser Eigenschaft meist auch Karl Augusts Reisen mitmachte und ebenfalls am Feldzuge von 1792 teilnahm. Dieses ungedruckt gebliebene Tagebuch[3] war Goethe eine sehr willkommene Quelle. Denn wenn er sich auch eines erstaunlichen Gedächtnisses für Personen und Ereignisse erfreute, drei Jahrzehnte mußten naturgemäß in der bewahrenden Erinnerung manches auslöschen, verwischen und verschieben. Aber dieses sehr anschauliche und ausführliche Tagebuch Wagners, aus welchem Goethe nur das ihm Zusagende aufnahm, oft behaglich ausgeführte Genre- und Sittenbilder in wenige Worte zusammenziehend, überhaupt das Ganze in seine Denk- und Anschauungsweise umgießend, die alles von ganz anderen Gesichtspunkten aus betrachtete, ist nicht sein einziges Hilfsmittel gewesen. Wir sehen voll Ueberraschung den 70jährigen mit einem tief dringenden Eifer um-

Trarbach war. Er war von Napoleon I. am 16. Juni 1804 in dieses Amt berufen worden.

3. Das sauber geschriebene Tagebuch Wagners befindet sich im Goethe-Schiller-Archiv in Weimar. Roethe hat die Abhängigkeit des Dichters von diesem Tagebuche Wagners überzeugend nachgewiesen.

fangreiche Vorstudien zu seinem Werke | machen.
Er leiht sich Bücher aus der Weimarer Bibliothek,
welche jene Kriegszeiten berühren, und frischt an
ihnen sein Gedächtnis auf, bereichert auch wohl
durch sie seine Kenntnisse.[4] Er zieht seine Briefe
aus jener Zeit zu Rate, zieht auch bei alten Kriegs-
gefährten, besonders bei dem Herzog Karl August,
Erkundigungen ein. Ein glücklicher Zufall war es,
daß er noch über das Gedächtnis seines getreuen
Dieners Paul Götze verfügen konnte, der seinen
Herrn noch um zwei Jahre überlebt hat. Derselbe
lebte zwar seit 1807 als Wegebauinspektor in Jena,
aber die alten Beziehungen dauerten fort und er ist
nachweislich von Goethe verschiedentlich befragt
worden. Trotzdem ließ es sich nicht vermeiden,
daß in die Kampagne mancherlei Orts- und Per-
sonenirrtümer hineingeraten sind. Roethe, der als
Hauptmann den Weltkrieg zeitweilig auf Strecken
und Plätzen mitdurchlebt hat, die damals Goethe

---

4. Die Register der entliehenen Bücher der Weimarer Bibliothek haben sich noch erhalten. Goethe entlieh sich damals und studierte das Leben des französischen Generals Du-
mouriez, die nach seinem Tode veröffentlichten Memoiren
des Generals Custine, Magister Laukhardts merkwürdiges
Leben und Schicksale von ihm selbst beschrieben, besonders
den 3. und 4. Teil, welche die Begebenheiten, Erfahrungen
und Bemerkungen des 92er Feldzuges in Frankreich umfas-
sen (Leipzig 1796) u. a.

ebenfalls zu Wagen oder zu Pferde durchzog, hat hier in seinem Buche auf manches aufmerksam gemacht. Andererseits hat Goethe, der jetzt den damaligen Dingen und Ereignissen in einer sehr großen Distanz und deshalb mit einer kühlen, bisweilen geradezu verletzend wirkenden Ruhe gegenüberstand, in den ihm vorliegenden Berichten, Briefen und Aufzeichnungen auch etwas redigiert, wo es ihm gut schien. So ist es sicherlich außerordentlich reizvoll, dem allmählichen Werden und Entstehen des Ausschnittes aus der Kampagne,

18 der den Trarbacher Aufenthalt zum | Mittelpunkte hat, etwas genauer nachzugehen und dabei zu versuchen, durch Heranziehung ortsgeschichtlicher Nachrichten und Notizen dem ganzen Bilde noch eine lebhaftere Färbung und ein schärferes Gepräge zu geben.

Hier ist nun von vornherein zu bemerken, daß dem Dichter für diese Partie seines Buches das Wagnersche Tagebuch keine Aufschlüsse geben konnte. In Trier löste sich Goethe von dem zurückflutenden Heere und aus der kriegerischen Umgebung des Herzogs, um bei Freunden in Pempelfort bei Düsseldorf und in Münster wieder stille Friedensluft zu atmen, nach welcher er sich geradezu krankhaft sehnte. War er doch nur auf den Ruf seines fürstlichen Herrn einst nach Frankreich gezogen. Denn obwohl es ihm nicht an persönlichem Mute gebrach, was er während dieses Feldzuges mehrfach gezeigt hatte, der Krieg lag ihm nicht,[5] und das beschämende Entweichen des verbündeten Heeres mit all' seinen gräßlichen Nebenerscheinungen an Krankheit, Not und Unordnung, ohne daß es eine direkte Niederlage erlitten hätte, verursachte ihm eine seelische Verstimmung, die still immer weiter fraß. Auch Wagner wäre mit seinem von ihm unzertrennlichen Pudel gern nach Hause gegangen, aber die Dienstpflicht und die verehrende Liebe zum Herzog hielten ihn noch zurück. Von seiner Moselfahrt bis Coblenz und seiner Rheinfahrt bis Düsseldorf bewahrte Goethe nun zwar manches im Gedächtnis, doch gab es auch | hier allerlei Lücken. Manches war ihm

19

5. | »Kriegslieder schreiben und im Zimmer sitzen – das wäre meine Art gewesen! Aus dem Biwak heraus, wo man nachts die Pferde der feindlichen Vorposten wiehern hört: da hätte ich es mir gefallen lassen. Aber das war nicht mein Leben und nicht meine Sache, sondern die von Theodor Körner. Ihn kleiden seine Kriegslieder auch ganz vollkommen. Bei mir aber, der ich keine kriegerische Natur bin und keinen kriegerischen Sinn habe, würden Kriegslieder eine Maske gewesen sein, die mir sehr schlecht zu Gesicht gestanden hätte. Ich habe in meiner Poesie nie affektiert. ...« (Goethe zu Eckermann. Gespräch vom 14. März 1830. 3. Band der Gespräche Goethes mit Eckermann. 1822–1832.)

48

entschwunden. So befindet sich noch heute ein Zettel im Goethe-Schiller-Archiv in Weimar, auf welchem John,[6] der langjährige Sekretär des Dichters, der von demselben auch die Kampagne in Frankreich in die Feder diktiert bekam, die Frage aufwirft, ob der Name des Handelsmannes an der Mosel, welcher vor 30 Jahren dort lebte und dessen Firma wahrscheinlich noch existiere, nicht ausgemittelt werden könne. Goethe hatte diesen Namen also vergessen und hat ihn auch später nicht in die Kampagne aufgenommen. Noch bei der Abfassung derselben wußte er ihn nicht und hat ihn anscheinend erst später wieder erfahren. Mit mehr Erfolg wandte er sich am 22. Januar 1822 um nähere Einzelheiten der Mosel- und Rheinfahrt an seinen früheren Diener Götze. Bis zu dieser Zeit war also die Partie über Trarbach noch nicht fertig gestellt, während die vorangegangenen Stücke damals schon druckfertig waren und zum Setzer gingen. Dieser Götze war ihm einst mehr als ein zuverlässiger Diener gewesen. Er nennt ihn später einen getreuen Zögling und Gefährten. Daher hat dieser seinem ehemaligen Herren auch zeitlebens die herzlichste Anhänglichkeit bewahrt. Er hat ihn

---

6. Johann August Friedrich John war von 1814 bis 1832 Goethes Schreiber und hat seinen Herrn überlebt.

nicht nur in Frankreich auf das rührendste betreut, er blieb ihm auch, als er 1794 seinen Dienst verließ, weiter treu verbunden. Als der Greis 1828 auf der Dornburg den Tod Karl Augusts betrauerte, erfreute er ihn aufmerksam mit Wein | und 20 Lebensmitteln und versah noch 1830 seinen Garten mit schönen Gartenkieseln. Das sauber geschriebene Rechnungsbuch Götzes mit der Aufschrift: »Einnahme und Ausgabe auf der Reise nach Coblenz 1792.« ist noch vorhanden[7] und gewährt den Eindruck einer peinlichen Gewissenhaftigkeit. Ob Goethe dieses Rechnungsbuch wegen seiner genauen Datierung auch benutzt hat, wird zwar niemals angedeutet, ist für uns aber belanglos, denn für die Moselfahrt bietet es nichts. Nur lesen wir wohl gern noch aus ihm heraus, daß Goethe auf der Hinreise zum Kriegsschauplatze, die ihn am 8. August von Weimar zunächst nach Erfurt führte und dann über Gotha, Eisenach, Fulda, Gelnhausen, Hanau nach Frankfurt ging, schon ganz in unserer Nähe gewesen ist. Weil hiervon nichts in die Kampagne übergegangen ist, dürfte das nicht allgemein bekannt und eine kurze An-

---

7. Das Rechnungsbuch Götzes befindet sich im Goethe-Schiller-Archiv. Roethe hat in einem Anhange zu seinem Buche Auszüge aus demselben gemacht. (S. 365 ff.)

deutung willkommen sein. Er fuhr nämlich von Frankfurt weiter nach Mainz und Bingen und von dort am 22. August 1792 über den Hunsrück, und zwar über Simmern und Kirchberg. Er benutzte auf der ganzen Reise seine eigene leichte Chaise, die mit Postpferden bespannt war. In Kirchberg wurden die Pferde gewechselt und wurde eine Erfrischung eingenommen. Dann ging es weiter in der Richtung auf Monzelfeld, von wo man sich der Mosel zuwandte, die auf einer Fähre überschritten wurde.[8] Ueber Hetzerath traf man dann endlich in Trier ein. —

21 | Ueber den zweiten Trierer Aufenthalt macht Götze auch allerlei Eintragungen. Man traf diesmal von Luxemburg dort am 22. Oktober ein und verweilte bis zum 31. Oktober. Goethe wohnte hier wieder in seinem alten Quartier bei einem Kanonikus in der Nähe des Domes, woran noch heute eine Tafel erinnert. Für den 31. Oktober deutet manches auf Vorbereitungen zur Abreise hin,[9]

---

8. Die Ueberfahrt kostete 42 Kreuzer. (Götzes Rechnungsbuch.)

9. Schnur wird gekauft zu Verschnürung des Gepäcks, das aus der Reisechaise in den Kahn transportiert wird, mit dem man die Weiterreise antrat. Zwei Groschen Trinkgeld erhalten die Soldaten, welche dabei anscheinend geholfen haben. Sie bekommen auch noch einen Trunk Wein, für den

trotzdem wird man den eigentlichen Abreisetag doch wohl auf den 1. November anzusetzen haben, da die späteren Notizen Götzes sich dann ganz einfach und zwanglos eingliedern lassen. Aus dem Antwortbriefe des Dieners vom 24. Januar 1822 läßt sich leider über ihn nichts ersehen. Dieser Brief sei in dem auf die Moselfahrt bezüglichen Teile mitgeteilt, weil er über den Begleiter Goethes noch einiges bringt und zugleich ein lehrreiches Beispiel ist, wie der Dichter seine Vorlagen benutzte. Götze schreibt, daß er wegen der Zeit, die alles verdrängt, wohl wenig Befriedigendes noch sagen könne und fährt dann fort: »Ich kann mich nichts erinnern, als daß das Regiment Ihro Durchlaucht,[10] welches großentheils seine Pfer-

---

6 Groschen angeschrieben sind. Goethe läßt sich von seinem die Kasse führenden Diener Geld auszahlen: In Trier baar H. Geh.-Rath 6 Reichsthaler 12 Groschen. - - - desgl. 13 Reichsthaler. (Götzes Rechnungsbuch.)

10. Es ist das in Aschersleben garnisonierende preußische Kürassier-Regiment gemeint, über welches Karl August 1766, als er in preußische Dienste trat, das Kommando als Generalmajor erhielt. 1792 befehligte der Herzog eine Brigade, welche aus diesem Regiment und dem Dragoner-Regiment von Lottum bestand. Diese Brigade bildete mit einem Husarenvortrab meist die Spitze der Hauptarmee, bei welcher sich der preußische König und der Oberbefehlshaber, der Herzog von | Braunschweig, befanden. Die Avantgarde der 49

de zum Fortbringen der Kanonen in Trier hergeben mußte, auf Schiffe gepackt und auf der Mosel nach Coblenz gefahren werden solle. Um dieser Gesellschaft zu entgehen, wurde beschlossen, früher abzureisen und hierzu ein einmänniges Fahrzeug gemiethet. Ein Hr. von Raden, Preußischer Platzkommandant von Frankfurt,[11] welcher Ordre | in Trier abgeholt hatte, machte Gesellschaft der Fahrt. Der Fährmann, welcher zwar Geschicklichkeit im fahren Documentiert, konnte, wie uns die Nacht und Sturm überfallen, nicht Wort halten und das Fahrzeug gehörig Regieren. Wir wurden mit Wasser überdeckt und (von) den einschlagenden Wellen durchnäßt. Der Fährmann fing an zu gestehen, daß er nicht mehr wisse, wo er wäre, noch zu fahren solle; und uns Gott befahl. Ich hatte meinen Rock ausgezogen, daß, wenn wir an einen Fels geschleudert würden, uns womöglich durch Schwimmen zu retten. Nach (bei der fürchterlichen Finsterniß) hin- und hertreiben wurden wir endlich in der ferne Licht und neues

22

Armee unter Erbprinz von Hohenlohe operierte für sich. Die preußischen Kürassiere waren die beste Waffe des Heeres, damals ohne gleichen in der Welt.

11. Die Stadt Frankfurt war seit dem 22. Oktober im Besitz des französischen Generals Neuwinger, der sie brandschatzte; am 2. Dezember wurde sie von den Hessen zurückerobert.

Leben gewahr, worauf, so viel es der Sturm erlaubte, frisch gerudert wurde, und wenn mir Recht ist, das Städtchen Thrarbach anlandeten, wo wir bei einem Kaufmann gütlich aufgenommen und mit gutem Moseler die toten Lebensgeister des H. Major von Raden wieder geweckt wurden. Von Creutznach ist mir gar nichts erinnerlich. Den anderen Tag wurde die Reise nach Koblenz ruhig fortgesetzt.«[12] ... Obwohl die Erwähnung von Kreuznach in diesem Zusammenhänge etwas befremdlich ist, gibt uns dieses Schreiben doch mancherlei wertvolle Ergänzungen. Vor allen Dingen liegen die letzten Beweggründe der Wasserfahrt jetzt ganz klar zu Tage. Schon am 28. Oktober hatte Goethe von Trier aus an seinen Freund Meyer,[13] der seit kurzem eine Stelle als Professor an

---

12. Der ausführliche Brief Götzes ist vollständig abgedruckt in der Weimarer Goethe-Ausgabe im Anhange zur Campagne in Frankreich (Bd. 33, S. 365 ff.).

13. Hans Heinrich Meyer, Altertumsforscher und Kunstkenner, geboren am 16. März 1760 in Zürich, widmete sich der Malerei und hielt sich 1764–1783 in Italien auf, wo er mit Goethe Freundschaft schloß. Er war bis vor seiner Verheiratung jahrelang der Hausgenosse Goethes, das »lebende Lexikon« des Dichters für Kunstgeschichte, weshalb man ihn auch wohl scherzweise den »Kunschtmeyer« genannt hat. Er war auch schriftstellerisch sehr tätig und viele kritische Aufsätze in Schillers Horen und in den beiden Journalen Goethes

23 der Weimarer | Zeichenakademie bekleidete, ge-
schrieben: »Wer sollte gedacht haben, daß mir die
Franzosen den Rückweg versperren würden. Sie
haben Mainz und Frankfurt, Coblenz nicht, das
ist gerettet.« ... Die Beförderung der Kürassiere des
Herzogs nach Coblenz, der einzigen noch freien
Transportstraße, brachte ihn auf den Gedanken,
ebenfalls auf dem bequemen Wasserwege seine
Reise fortzusetzen. Aber nicht auf einem dieser
von Menschen überfüllten Schiffe. Er war wieder
einmal auf dem Punkte angelangt, wo er es für
zweckmäßig hielt, seiner Umgebung gegenüber
Distanz anzunehmen. Er wollte allein sein. Der
ihm von früher bekannte Aristokrat von Raden,
der in seiner Jugend am Weimarer Hofe Page gewesen war, war ihm als Begleiter eben noch genehm.
So brach man denn, noch ehe der Truppentrans-
port abging – Goethe hat das in seiner späteren
Darstellung verwischt – am 1. November von Trier
auf und alles ließ sich zunächst aufs schönste an
Man konnte sich des herrlichen Landschaftsbildes
der Mosel von Herzen freuen. Die Schilderung in
der Kampagne zeigt, daß Goethe noch im Alter
sich einen lebendigen Eindruck der eigenartigen

Propyläen und Kunst und Altertum rühren von ihm her. Er
starb am 14. Oktober 1832.

Schönheit der Moselufer mit ihren idyllisch gelegenen Dörfern und ihren hochaufragenden Re-
benhügeln bewahrt hat. Wahrscheinlich um die
Mittagszeit wurde in einem dieser zwischen Trier
und Trarbach gelegenen Moselorte längere Rast ge-
macht. Wieder fehlt der Name und | Götze wußte 24
in diesem Falle auch nichts Näheres zu sagen. Ob
sich irgendwo an der Mosel noch eine Erinnerung
an diesen allerdings sehr flüchtigen Goethebesuch
erhalten hat? Das Gedächtnis ließ jedenfalls dies-
mals den alten Dichter völlig im Stich. Roethe geht
in seinem Buche sogar so weit, die Vermutung
auszusprechen, daß Goethe der alten Moselwirtin
ihre Klage über die Ruchlosigkeit der Emigranten,
welche mit der lieben Gottesgabe, dem Brote, so
sündhaft sich beworfen hätten, nur fabulierend in
den Mund gelegt und diese Scheltrede dem eifrig
von ihm studierten Laukhardt[14] entnommen habe,
der Aehnliches von den Coblenzer Emigranten zu
berichten weiß. So ganz unmöglich ist das nicht.
Goethe war wirklich in Verlegenheit, und weil alle
sonstigen Quellen versagten, füllte er in dichteri-

---

14. Magister Friedrich Christian Laukhardt, 1758 bis 1822.
Abenteurer und Schriftsteller, der in seinem buntbewegten
Leben sich in den verschiedensten Stellungen versuchte, war
aus Wendelsheim in der Unterpfalz gebürtig und starb in
Kreuznach. In Gießen und Göttingen hatte er studiert.

scher Freiheit diese Lücke in seiner Erinnerung auf recht ansprechende Weise aus. —

Fröhlich ging es dann weiter bis zur Dämmerung, und man war allmählich in das »mäandrische Flußgewinde« gekommen, wie es sich gegen die Höhen von Montreal – so las Goethe auf seiner Karte statt Montroyal[15] – herandrängt, als die Reisenden von dem Verhängnis überfallen wurden, das Goethe, auf die kurzen, im Stil etwas ungelenken Notizen seines Dieners gestützt, so prächtig in seiner Kampagne zu erzählen weiß. Köstlich ist die gutmütige Verbesserung, daß Götze, der alle retten will, sich freilich nur allein möchte herausgebracht haben. So | trieb man an Cröv und Wolf vorüber, welche im tiefsten Dunkel lagen. Schließlich leuchtete in der Ferne ein Licht auf und mit ihm eine Hoffnung. Es war der erste Gruß von Trarbach, dem man schon ziemlich nahe gekommen sein mußte. Der Lichtschimmer scheint aus dem äußersten Hause gekommen zu sein, welches sich rechts von dem damals noch stehenden Mo-

25

15. Es ist die französische Zwingfeste Montroyal auf der Trabener Seite gemeint, die nach den Ryswijker Friedensbestimmungen nach etwa 10jährigem Bestande wieder geschleift werden mußte. Goethe hatte von dieser Festung vielleicht gelesen; über der Erde war von ihr längst nichts mehr zu sehen.

seltore[16] erhob. Nachdem ihm und seinen Beglei-
tern das Tor geöffnet war, wird Goethe jedenfalls
in einem Wirtshaus ganz in der Nähe desselben
eingekehrt sein.[17]

---

16. Das Moseltor, an welches sich das alte Böckingsche Haus mit seiner einen Schmalseite anlehnte, ist im
März/April 1871 abgebrochen worden.

17. Ueber die Lage dieses Wirtshauses gibt es verschiede-
ne Traditionen. Sicher ist wohl, daß Goethe nicht in | dem   50
Wirtshaus zum Stern am Kornmarktplatz eingekehrt ist (diese Ansicht noch in der Festschrift zur Jahrhundertfeier des
Trarbacher Casinos), weil es zu entfernt lag. Auch in der späteren Faustschen Wirtschaft, aus welcher ihm vermutlich das
Licht entgegenleuchtete und die jetzt mit dem Casino verbaut
ist, ist er nicht gewesen, weil sich hier in der Faustschen Familie keine Erinnerungen erhalten haben und wahrscheinlich
damals in diesem Hause noch gar keine Wirtschaft war. Es
bildete ursprünglich einen Teil eines Oberamtshauses, welches nach der Teilung der Grafschaft im Jahre 1776 verkauft
wurde. Dieser Teil ging 1777 in den Besitz des Hochfürstli-
chen Renovators (Landmessers) und Chaussee-Commissari-
us Werner über. Sein Sohn Johann Friedrich, der dem Vater
1782 im Amte nachfolgte, während dieser eine Stellung als
Schatzungs-Peräquator im Oberamt Lichtenberg erhielt, war
auch Lehrer der praktischen Geometrie am Trarbacher Gym-
nasium. Dieser aus Gebroth im Winterburger Amte stam-
mende Beamte heiratete 1788 zum zweiten Male und scheint
einige Jahre später aus Trarbach verzogen zu sein, denn 1791
begegnet uns sein Nachfolger Friedrich Karl Schneider. So
bleibt nur das heutige Hotel Brauneberg übrig, damals ein
bescheidenes Häuschen (»in einem leidlichen Gasthofe«),

Daß den durchnäßten und hungrigen Reisen-
den zu ihrer freudigen Ueberraschung dort in der
Gestalt von Henne mit Reis ein so gutes Abendes-
sen vorgesetzt wurde, ist ihm bezeichnender Weise in der Erinnerung geblieben. Natürlich werden
der Geheimrat von Goethe und der Herr Major
von Raden an einem besonderen Tische gespeist
haben, während Götze und der Schiffer wohl am
wärmenden Küchenherde, der zur Trocknung ih-
res äußeren Menschen der gewiesene Platz war,

---

welches sich an die Böckingsche Handlung anlehnte und in
allernächster Nähe des Moseltores und des alten Böckingschen Hauses lag. Ob der »Gastgeber« Adam Butz, ein aus
Hanau eingewanderter Perückenmacher reformierter Reli-
gion, welcher am 1. November 1784 eine Trarbacher Schrei-
nerstochter namens Anna Maria Vollmer heiratete und 1805
als »Gastgeber« dieses Hauses vorkommt, schon 1792 sich
in dieser Stellung befand, also der Goethe beherbergende
Wirt war, läßt sich leider nicht mit Sicherheit feststellen. Im
Kirchenbuche heißt er 1792 noch Perückenmacher. Er ist am
25. Oktober 1810 gestorben und war der erste Wirt des in
seinem Hause am 14. Januar 1810 gegründeten Kasinos. Die
Witwe führte die Wirtschaft einige Zeit weiter, bis dieselbe
von ihrem Sohne Philipp Butz übernommen wurde. Dersel-
51 be hatte das | Uhrmacherhandwerk gelernt, war seit 1811
mit Dorothea Franzin, der Tochter des Adlerwirtes Heinrich
Franz, verheiratet und starb 1854. Von ihm kaufte die Familie Heitz das Gasthaus, das später durch den Ankauf der
Böckingschen Handlung erheblich vergrößert und umgebaut
wurde. Der Name »Brauneberg« ist neueren Ursprungs.

ihre Abendmahlzeit einnahmen. Und nicht lange wird es gedauert haben, so wußte man es in der Küche aus Götzes Munde, wer denn eigentlich die beiden fremden und vornehmen Herren waren, welche in das sehr zweifelhafte und gefährliche Abenteuer eines Moselsturmes in einer finsteren Novembernacht hineingeraten waren. Und diese beiden Herren werden kaum ihr Abendessen verzehrt haben, so wußte man durch den wie immer prompt | funktionierenden Botendienst der dienstbaren Geister, die zu allen Zeiten für den Empfang und die Verbreitung von Neuigkeiten sehr empfänglich gewesen sind, im benachbarten Ludwig Böckingschen Hause von dem berühmten und seltenen Besuch. Daß ein Ludwig Böcking aber einen Goethe nicht bei Nacht und Nebel in einem Gasthaus sitzen ließ, versteht sich bei dem welt- und lebenserfahrenen Manne, der große kaufmännische Begabung und zielbewußten Geschäftsgeist mit einem großen literarischen und künstlerischen Interessenkreis auf das glücklichste in sich vereinigte, ganz von selber. 26

Ludwig Böcking, aus der schon im 17. Jahrhundert in Trarbach blühenden, ansehnlichen protestantischen Kaufmannsfamilie stammend, welche im 16. Jahrhundert aus der Grafschaft Kent in die Niederlande und Rheinlande eingewandert

Eleonore Böcking, geb. Hauth.
»Das schöne Lorchen.«

Nach einem Oelbilde im
alten Böckingschen Familienhause.
Maler unbekannt.

war und in dem Ende 1602 in Simmern unter Dhaun bei Kirn verstorbenen Ludwig Böcking[18] das älteste bisher nachweisbare Glied der Familie sieht, war der jüngere Sohn des Johann Richard Böcking (1726–1773), der als Kaufmann, Landeskassierer und Banquier sich in Trarbach großen Ansehens erfreut hatte. Er war mit Eleonore Elisabeth Hauth, »dem schönen Lorchen«, der Tochter des pfalz-zweibrückischen Amtskellers Ernst Franz Hauth in Nohfelden vermählt gewesen. Seine Gattin (1736–1785), welche ihn um

---

18. Dieser Ludwig Böcking besaß ein Wasser-Hammerwerk in Simmern unter Dhaun als Erblehen, das nach dem kinderlosen Tode seines Enkels Jakob Sebastian Böcking († 1664) wieder an den Wildgrafen von Dhaun zurückfiel. Der zweite Sohn von Ludwig Böcking, welcher Johann Adam Böcking hieß und von 1599–1667 lebte, war Oberschultheiß in Rhaunen. Dessen Sohn Adolph Böcking, welcher 1625 geboren war, ist der Stifter der Trarbacher Linie. Er hatte sich nach dem Westfälischen Frieden in Trarbach niedergelassen, und starb daselbst am 8. Mai 1700 als Gerichtsschöffe und angesehener Handelsmann. Sein Name taucht zum ersten Male 1654 in den Abendmahlsregistern auf. Sein Sohn Johann Richard († 1721) trat in des Vaters Fußtapfen, und von dessen Söhnen führte wiederum Johann Adolph Böcking (1695–1770) als Weinkaufmann und Handelsmann Namen und Geschäft des Vaters fort. (Nach dem Geschlechtsregister der Familie Böcking von Ed. Böcking in Mülheim an der Mosel und Abentheuerhütte, Köln 1894, und einer Ergänzung vom September 1908.)

zwölf Jahre überlebte, war eine Schwester des zwei-
brückischen Baurates | Christian Ludwig Hauth[19]
(1726–1806), der in dem kunstsinnigen Herzog
Christian IV. von Zweibrücken den wohlwollen-
den Mäcen fand. Denn der Fürst ist es gewesen,
der ihm eine sorgfältige künstlerische Erziehung
in Paris und Rom ermöglichte. Nach Hauths Plä-
nen ließ der Kaufmann und Landeskassierer Johann Adolf Böcking (1695–1770), der Großva-
ter von Ludwig Böcking, das alte, dem großen
Brande von 1857 glücklich entronnene Familien-
haus der Böckings in vornehmem Patrizierstile
und geschmackvoller Pracht aufführen.[20] Ludwig
Böcking, der am 23. März 1756 in Trarbach geboren war, hat zweifellos die höhere Schule sei-

---

19. Ueber den Baumeister Hauth findet sich ein reiches
Material zusammengestellt in Rudolf Rübel, die Bautätig-
keit im Herzogtum Pfalz-Zweibrücken und in Blieskastel im
18. Jahrhundert mit Hervorhebung des Baudirektors Christian Ludwig Hauth. 1726–1806. Heidelberg 1914 bei Winter.
Sein Oelbild aus der Zeit nach seiner Romreise befindet sich
im alten Böckingschen Hause. Eine andere Schwester von
ihm, Maria Sophia Katharina, geb. 13. Dezember 1722, war
mit dem Trabener Pfarrer Johann Friedrich Rumpel verheiratet.

20. Das genaue Baujahr läßt sich nicht mehr feststellen.
In Frage kann nur kommen die 2. Hälfte des 18. Jahrhun-
derts | von 1755 an, in welchem Jahre Hauth herzoglicher
Baudirektor in Zweibrücken wird.

ner Vaterstadt durchlaufen und durch den vortrefflichen Rektor Touton,[21] der ganz in der Nähe seines elterlichen Hauses wohnte, seine klassische Ausbildung erhalten. Wie sein älterer Bruder Adolph sollte er die Kaufmannschaft erlernen, um sich später im väterlichen Geschäfte zu betätigen. Sein Vater Johann Richard war einst zur kaufmännischen Ausbildung in Rotterdam gewesen und hatte dort den Handel mit holländischen Kolonialwaren kennen gelernt, deren Vertrieb auch in das Böckingsche Geschäft übernommen wurde. Da dieser die Vorteile eines Aufenthaltes im Auslande zur Bereicherung der Kenntnisse und Erweiterung des Blickes an sich genügend erprobt hatte, stand es bei ihm fest, daß auch die Söhne hinaus sollten. Vielleicht hat er es noch erlebt, daß Adolph zu Merian nach Basel | kam, von wo er später gleichfalls 28 nach Holland, und zwar nach Amsterdam ging. Ludwig sollte besonders im Weinbau und Weinhandel sich unterrichten. Jedenfalls im Sinne ihres bereits am 5. Oktober 1773 verstorbenen Mannes schickte die Witwe ihn nach Frankreich, wo er in einem Weingeschäfte in Bordeaux seine gan-

21. Ueber Touton vergleiche meinen Aufsatz in den Rheinischen Heimatblättern 1924, No. 12, S. 368–370. Ein Jugendbildnis Toutons befindet sich im Besitz der Frau Bautz in Traben.

ze Lehrzeit verbrachte. In Frankreich hat Ludwig Böcking mit offenen Augen den dortigen Weinbau studiert und hier vieles gelernt, was er später in der Heimat zu verwerten wußte. Seine großen Verdienste um die Verbesserung des Moselweinbaues müssen der Würdigung aus der Feder eines Fachmannes vorbehalten bleiben. Aber auch etwas von dem Künstlerblute der Hauthschen Familie muß mit seiner Mutter auf ihn übergegangen sein. Sie scheint überhaupt auf ihren zweiten Sohn einen großen Einfluß ausgeübt zu haben. Schon in seiner Jugend empfing er von ihr mancherlei Anregungen auf literarischem und künstlerischem Gebiet, denn das Haus des schönen Lorchens war eine Stätte, an der man den Musen und den Künsten huldigte. Wenn man die Kupferstiche und Radierungen des alten Böckingschen Hauses aufmerksam durchmustert und gruppiert, so lassen sich aus ihnen für den Kunstgeschmack der einstigen Hausbewohner recht wertvolle Schlüsse ziehen. Unter ihnen fallen sofort etwa 25 in braunen Rahmen befindliche nette Bildchen auf, welche zusammen gehören. Es sind stilisierte Landschaften mit allerlei | Nymphen, Halbgöttern u. a. des bekannten Schweizer Dichters und Stechers Salomon Geßner (1750 bis 1788), in denen der Künstler die Formen und Ideale des Perikleischen Zeit-

29

alters darzustellen suchte. Es sind sogar einige von den zehn Landschaften dabei, die Geßner 1764 im Geschmack des Holländers Waterloo radierte und seinem Freunde, dem französischen Zeichner, Maler und Kupferstecher Claude Henry Watelet widmete. Auch ein kleines Selbstbildnis Geßners aus dem Jahre 1775 mit französischer Unterschrift ist noch vorhanden. Alle diese Bilder entstammen zweifellos der Zeit Johann Richard Böckings und seiner Gemahlin. Es ist das Zeitalter der Anakreontik und Schäferpoesie, der Rührseligkeit und Empfindsamkeit. Einer sehr großen Beliebtheit erfreute sich damals lange das schon 1749 entstandene Gedicht »Der Frühling« von Christian Ewald von Kleist. Es war in allen literarisch interessierten Kreisen Deutschlands geradezu das Modegedicht; die ersten Radierungen Geßners galten dem Kleistschen Frühlingsgedichte, von dem er die erste illustrierte Ausgabe ausgehen ließ. Auch dieser Zeitgeschmack hat in dem Böckingschen Hause einen Niederschlag gefunden. Vielleicht noch zu Lebzeiten Johann Richard Böckings ließ man ein ganzes Zimmer des Oberstockes mit Szenen aus dem Kleistschen Frühling in Oel auf Leinwand bemalen. Es ist sehr zu bedauern, daß der Name des Malers dieser köstlichen, mit wunderbarer Feinheit | und Vollendung ausgeführten Bilder sich 30

nicht erhalten hat. Der kaum richtigen Tradition
nach soll es ein Franzose gewesen sein.[22] Er war
jedenfalls ein ganz hervorragender Künstler. Der
Baurat Hauth, auch hier wohl der künstlerische
Berater der Familie, hat seinem Schwager keinen
schlechten Mann empfohlen. Möglich auch, daß
der kunstverständige Herzog Christian IV., der bisweilen, wenn er nach Trarbach kam, in dem gast-
lichen Hause seines Landeskassierers abstieg, auf
die Auswahl des Künstlers bestimmend eingewirkt
hat. – So ist es nicht verwunderlich, daß der junge
Ludwig Böcking auch der Literatur und Kunst des
Landes, dessen Gastfreundschaft er mehrere Jahre genoß, einen aufgeschlossenen Blick zuwandte.
Manche neue und nachhaltige Eindrücke hat er
aus Frankreich mitgebracht, besonders die Vereh-

---

22. Eine ganz ähnliche Darstellung des Kleistschen Früh-
lings, welche zweifellos von demselben Maler herrührt, befindet sich heute noch in dem Scheiblerschen Hause in Montjoie.
Die Scheiblersche Familie war durch verschiedene Heiraten
mit den Böckings verwandschaftlich nahe verbunden. Das in
verschiedene Abteilungen zerfallende Bild weist in der Mal-
technik holländisch-vlämische Einflüsse auf. Die Rahmen
über den Türen sind im Stile Ludwig XV. gehalten, das Ganze
wird um das Jahr 1770 anzusetzen sein. Der Raum diente
ursprünglich als Empfangszimmer, doch scheint Goethe bei
seinem kurzen Aufenthalte es nicht betreten zu haben, er
weilte im Unterstock.

rung für J. J. Rousseau, den Apostel einer neuen Zeit und Sturmvogel der Revolution. Wunderliche Blüten hat damals bisweilen die Rousseaubegeisterung getrieben. Auffällig wäre es gewesen, wenn sich der geistig sehr lebendige und interessierte Böcking von dieser Strömung nicht hätte mittragen lassen. In mehreren Exemplaren findet sich noch im Böckingschen Hause das zierliche Bildchen Rousseaus von Ficquet (1731–1794) mit dem Wahlspruche des genialen Stürmers und Drängers »Vitam impendere vero«. Einen Ehrenplatz aber räumte Böcking später in seiner Bildergalerie dem Grabmal Rousseaus auf der Pappelinsel | ein, 31 das ihm sein Gönner, der Marquis de Girardin, in der Nähe seines Landhauses Ermenonville bei Paris errichtete. Es ist der 1781 herausgekommene Stich Godefroys (1745–1819) nach dem Bilde des früh verstorbenen Landschaftsmalers Gandat. Es prangt noch heute in einem goldenen Rahmen. Daß Böcking auch sonst, besonders in der Innenkunst, der französischen Mode huldigte, wovon manches von ihm beschaffte Möbelstück des Böckingschen Hauses noch jetzt Zeugnis ablegt, war ebenfalls gar nicht anders zu erwarten.[23] Aber

---

23. Einige besonders prächtige und kostbare Möbelstücke aus der Biedermeierzeit zeigen, daß Ludwig Böcking auch

seine literarischen und künstlerischen Neigungen beschränkten sich doch nicht ausschließlich auf Frankreich. Reizvoll wäre es, aus alten, noch vorhandenen Bücherbeständen die Bibliothek von Ludwig Böcking zu rekonstruieren.[24] Shakespeare, Wieland und Schiller sind jedenfalls frühzeitig in ihr vertreten gewesen, denn er besaß auch ihre Bilder. Schiller ist mit einem Jugendbildnis vertreten nach einer Zeichnung von Kirchner, welche Riedel († 1784) radiert hat. Unter dem Kopfe des Dichters ist eine Szene aus den Räubern dargestellt. Es wurden also auch die neuzeitlichen Strömungen der deutschen Literatur mit Aufmerksamkeit und Interesse verfolgt, wobei natürlich auch der Name Goethes schon häufig in den Vordergrund tritt. Aber derartiges mag sich als Wandschmuck damals in manchen Bürgerhäusern befunden haben und sagt an sich noch wenig. Nichts hat auch den Böckings ferner gelegen als ausgesprochen

---

dieser um 1820 aufkommenden Stilrichtung liebevolles Verständnis entgegenbrachte.

24. Genannt seien nur Ciceros Briefe in der Uebersetzung von Wieland. Hinterlassene Werke Friedrich II., Königs von Preußen, 1789. (Deutsch), des Capitäns Jacob Cooks 3 Entdeckungsreisen in das Stille Meer in der Uebersetzung von Georg Forster. Berlin 1787. – Für Cook hatte Böcking besondere Vorliebe. Er besorgte sich auch sein Bild.

| antimonarchische oder gar revolutionäre Nei-
gungen. Sie blieben gute bürgerliche Kaufleute.
Ludwigs älterer Bruder Adolph war wie sein Vater
Landeskassierer[25] im Dienste des letzten, in man-

---

25. Das Trarbacher Landeskassiereramt war der gemein-
schaftlichen Regierung in Trarbach, später nach der Teilung
der Grafschaft der Zweibrücker Regierung unterstellt. An den
Landeskassierer waren alle im Lande erhobenen außerordent-
lichen Reichs-, Kreis-, Besoldungs- und dergleichen Gelder
abzuführen. Ebenso hatte er auch alle amtlichen Auszahlun-
gen zu machen, die von der Regierung angewiesen waren.
Das Amt ist nach einander von Johann Adolph († 1770), Jo-
hann | Richard († 1773) und Adolph Böcking († 1800) verse-
hen worden. Die Landeskassarechnungen wurden jährlich im
März von der Regierung abgehört und abgeschlossen. Dem
Landeskassierer stand ein Kontrolleur zur Seite, meist ebenfalls ein Kaufmann. Während das Kontrolleuramt besoldet
wurde, war das Trarbacher Landeskassieramt ehrenamtlich
und zeigten sich die Fürsten durch Gnadengeschenke für
treu geleistete Dienste erkenntlich. Möglicherweise rührt ein
im alten Böckingschen Hause im Treppenhaus hängendes
Bildnis Christian IV. († 1775) von einem solchen Geschen-
ke her. Die mit peinlicher Gewissenhaftigkeit von Adolph
Böcking geführten Landeskassarechnungen von 1752, 1753
und 1757 haben sich noch erhalten. Rechnungskontrolleur
war damals Heinrich Peter Rumpel, »vornehmer Handelsmann und Kirchencensor in Trarbach«. In der Zweibrücker
Zeit erscheint neben Adolph Böcking als Landeskassierer
der jeweilige Zweibrückische Rat, Landschreiber und Geistli-
chen Gefällverweser als Landeskassierer. Im Jahre 1782 war
das Wilhelm Stutz. – Verwalter des Zweibrücker Landeskas-

cher Beziehung wenig vorbildlichen Herzogs Karl von Zweibrücken.[26] Aber in seiner kleinen Sammlung englischer Kupferstiche zeigt sich uns Ludwig Böcking, der mittlerweile längst aus Frankreich zurückgekehrt und in das väterliche Geschäft eingetreten war, doch als ein Mann von selbständigem und fein ausgebildetem Kunstgeschmack. Mit gutem Verständnis und richtigem Gefühl hat er sich hier wirklich Wertvolles und Schönes ausgewählt. Möglich, daß das auf Geschäftsreisen nach Eng-

---

siereramtes war zeitweilig Andreas Hierthes in Cusel, der ursprünglich Haushofmeister am Widdumshofe der Herzoginwitwe Caroline († 1774), der Mutter Christians IV., in Bergzabern gewesen war und am 13. Juni 1790 bei einem Verwandtenbesuche in Trarbach starb.

26. Herzog Karl August, Christian IV. Neffe und Nachfolger, hat vom 5. November 1775 – 1. April 1795 regiert. Er war im Sommer 1780 und 1781 mit seiner Gemahlin, einer Tochter des Kurfürsten Friedrich Christian Leopold von Sachsen, in Trarbach zu Besuch und wahrscheinlich wohl Gast des Böckingschen Hauses. Er hat sich durch seine maßlose Verschwendungssucht, die besonders bei der in den Jahren 1777–1779 geschehenen Erbauung des Prunkschlosses Karlsberg bei Homburg in der Pfalz zum Ausdruck kam, sehr unbeliebt gemacht. Rechtzeitig noch durch den getreuen Leineweber und Postknecht Nicolaus Pfeifer aus Rohrbach gewarnt floh er in der Nacht vom 9. Februar 1793 mit seiner Gemahlin aus dem Schlosse Karlsberg vor den | anrückenden Franzosen, die es besonders auf ihn abgesehen hatten. Er starb in der Verbannung in Mannheim.

54

land geschehen ist. Er sammelt zwar auch noch französische Kupferstiche. So finden sich als Gegenstücke die beiden Bilder: »Die Rückkehr des Landmannes« und »Die vergnügte Gesellschaft«, letztere von Nikolaus Delauney (1739–1792) nach einem Gemälde von Weenix. Aber er bevorzugt jetzt mehr die Engländer. Ob diese Stiche noch sämtlich vorhanden sind, muß eine offene Frage bleiben. Aus dem noch vorliegenden Bilderbestande scheide ich zehn Stücke aus, die mit ziemlicher Sicherheit gerahmt an den Wänden hingen, als Goethe Gast des Hauses war. Es sind nur Stiche erster damaliger englischer Künstler, und zwar sind die verschiedensten Techniken des Kupferstiches vertreten, was wieder ein Zeichen dafür ist, wie mit Verständnis ausgewählt wurde. Weil bisher noch | nichts über die Bilder bekannt war, 33 seien sie hiermit aufgeführt. Da sind zunächst die beiden berühmten englischen Schwarzkünstler Richard Earlom (1728 bis 1794) und Valentin Green (1739–1813), ersterer mit der Wassermühle von Hobbema und einem Blumenstück nach dem Holländer Jan van Huysom, letzterer mit einer Venus auf dem Meere nach Antonio Bellucci vertreten, wovon sich das Original in der Düsseldorfer Galerie befand. Da findet sich ferner der von seinen Zeitgenossen viel bewunderte William Woollet

(1735–1785), und zwar mit dem originellen Sonnenuntergang mit antiken Ruinen und Wasserleitung, einer Allegorie auf den Untergang des römischen Weltreiches nach dem Bilde von Claude Lorraine, und mit einem Seestück (the fishery) nach Wright. – Robert Dodd, der seinen größten Ruhm durch Darstellung von Seeschlachten erreichte, ist in der Sammlung nur mit einem Genrebilde nach Salvatore Rosa vertreten, welches »Heimkehrende Reisende« benannt ist. Dann kommen John Wood (1720–1780) mit einem Stiche nach Rembrandt: Landschaft mit Hirtenfamilie, welche zur Nachtzeit um ein Feuer gelagert ist (A firelight), und John Browne (1719–1790) mit »Die Tränke« (the watering place) nach Rubens. Zwei hervorragende Stücke sind noch das prächtige Mezzotintoblatt von John Rafael Smith (1740–1811): Georg, Prinz von Wales, neben seinem Pferde stehend, 1785 erschienen, nach Gainsborough gestochen,[27]

34 | und das wunderschöne getönte Blatt in Punktiermanier von James Parker († 1805), dem Schüler Bartolozzis. Es stellt eine Szene aus dem 3. Buche des Heldengedichtes Fingal dar, läßt also vermu-

---

27. Das Bild muß einmal an einer Stelle gehangen haben, wo es ein Gegenstück zu dem Rousseauschen Grabmale bildete, denn es hat wie dieses einen goldenen Rahmen. – John Rafael Smith war Hofkupferstecher des Prinzen von Wales.

ten, daß Böcking auch für die Poesie des Schotten Macpherson, die Herder und Goethe in unsere Literatur einführten, ein Interesse hatte.

Am 11. November 1788 hatte sich Ludwig Böcking mit Dorothea Elisabeth Nießen verheiratet und ist sein Trauring noch vorhanden. Sie war eine Tochter des Kaufmannes Peter Christian Niessen, welcher in Mülheim an der Mosel ein Kolonialwarengeschäft betrieb, und dort am 20. Mai 1771 geboren. Ihre Trauung fand im elterlichen Hause in Mülheim statt. Ihre Mutter Katharina Magdalena Werneck, welche aus Harskirchen auf der Saar stammte, starb erst im 84. Lebensjahre nach nur dreitägigem Krankenlager am 27. August 1822, nachdem sie ihren Mann fast 24 Jahre überlebt hatte. Dorothea Elisabeth war vor ihrer Verheiratung von Juni 1786 an 1 1/4 Jahre in Pfalzburg in Pension gewesen; auch ihre Erziehung hatte also etwas unter französischem Einfluß gestanden.[28] Die jungen Eheleute hatten damals zwei

---

28. Ueber den Tod der Witwe Ludwig Böckings findet sich im Trarbacher Kirchenbuche die Eintragung: »Den 12. Januar 1832 wurde still beerdigt Frau Dorothea Elisabeth, hinterlassene Witwe von Herrn Ludwig Böcking, Kaufmann dahier, eine geborene Nießen, welche am 8. ejusdem abends 11 Uhr an Katarrhalfieber gestorben war, alt 61 und dreiviertel Jahr.« Sie war im Gegensatze zu ihrem Manne eine große und stattli-

Dorothea Böcking geb. Nießen.

*Nach einem Oelbilde im
alten Böckingschen Familienhause.
Gemalt von J. Velten. 1833.*

Kinder, eine Tochter Karoline Maria, welche am 31. Januar 1790 geboren war und später den Kaufmann Philipp Heinrich Karcher in Saarbrücken heiratete, und einen erst einige Monate alten Sohn, welcher aber bereits am 22. Mai 1794 verstorben ist.

| »Herr und Frau, noch junge Leute, beeiferten sich, uns gütlich zu tun; wir genossen des köstlichsten Moselweins, an dem sich mein Gefährte, der eine Wiederherstellung freilich am nötigsten haben mochte, besonders erquickte«, schreibt Goethe in seiner Kampagne. Er hatte den liebenswürdigen Empfang und den guten Trunk also noch in bester Erinnerung. Man wird dem vorzüglichen 1788er die ihm gebührende Ehre angetan haben und sich wahrscheinlich zunächst über die Herbstaussichten des laufenden Jahres unterhalten haben, welche wie die des Vorjahres recht schlecht zu werden versprachen. Dann aber wandte sich das Gespräch anderen Dingen zu. Die Gäste erzählten von ihrer Moselfahrt. Der Zeitereignisse, des Krieges und des Rückzuges wurde gedacht. Schließlich wird man bei Literatur und Kunst angelangt sein.

---

che Erscheinung, was auf ihrem Bilde deutlich zum Ausdruck kommt. Das Original desselben befindet sich noch im alten Böckingschen Hause. Es ist nach ihrem Tode, wahrscheinlich nach einer Zeichnung, 1833 von J. Velten gemalt.

Die Bilder an den Wänden, »in Rahm und Glas gar zierlich aufgehangen«, gaben dazu die sich von selbst ergebende Veranlassung. »Mit Freude, ja mit Rührung gegen die vorher erduldeten finsteren Gefährlichkeiten« begrüßte sie Goethe, als er sie erblickte. Man stand auf und betrachtete sie im einzelnen, wobei der Dichter, der bald erkannt hatte, daß er feingebildete und urteilsfähige Leute vor sich hatte, manch treffendes Wort über Kunst und Künstler gesagt haben wird. Zwar der Herr Major von Raden scheint an diesem Kunstgespräch weniger lebhaften Anteil genommen zu haben. Seine Aufmerksamkeit galt mehr dem feinen | Tropfen im Glase als den seltenen Bildern an den Wänden, für die er auch wohl nur wenig Verständnis besaß. Er trank nur fleißig und gab sich daneben der angenehmen Beschäftigung hin, die schöne 21jährige Herrin des Hauses passend zu unterhalten. Aber auch Goethe war in Weinsachen ausgesprochener Kenner und dieser Wein war wirklich vorzüglich. Er konnte bei einem guten Glase recht aufgeräumt werden und war es auch jedenfalls in jener Nacht, zumal der helle Kerzenschein in dem vornehm und geschmackvoll ausgestatteten Raume schon ganz von selbst ein Gefühl des ruhigen Behagens auslöste. So verrannen die Stunden wie im Fluge. Mitternacht war

36

längst vorüber und Böcking hielt es für selbstver-
ständlich, daß seine Gäste über Nacht bis zum
anderen Tage bleiben würden. Aber es drängte
Goethe, der eine besondere Unruhe in sich hatte,
mit einem Male zum Forteilen. Möglich auch, daß
seinem Begleiter, der militärische Ordres in der
Tasche hatte, gleichfalls eine schnelle Weiterreise erwünscht war. Die beiden erhoben sich zum
Aufbruch. Böcking bat, daß sie noch einen Tag
zugeben möchten; er versprach, sie auf eine be-
nachbarte Höhe, wohl den Montroyal, zu führen,
um ihnen die Aussicht zu zeigen. Er stellte noch
allerlei sonstige Zerstreuungen und Erquickungen
in Aussicht, doch es war alles vergebens. Vielleicht
fiel dann ein Wort über die Unbequemlichkeit einer Nachtfahrt in dem noch feuchten Kahne; aber
Goethe störte das wenig. | Er kam aus dem Kriege   37
und war Schlimmeres gewöhnt. Doch Böcking in
dem Streben, seinen Gästen beim Abschied noch
eine kleine Liebenswürdigkeit zu erweisen, nötigte ihnen noch zwei Matratzen auf, um die Reise
dadurch etwas angenehmer zu gestalten. Daß diese noch ganz neuen Stücke des jungen Haushaltes
in dem nassen Fahrzeug viel von ihrer Sauber-
keit und Schönheit einbüßen würden, hatte er in
seinem Eifer wohl nicht bedacht. Seine Frau war
denn auch über diesen Eingriff in ihre Hausfrau-

enrechte wenig erbaut und Goethe sah es ihr an, fand es auch ganz begreiflich und weist noch in seiner Kampagne mit einigen freundlichen Worten auf diesen harmlosen kleinen Zwischenfall hin. Man kam überein, die Matratzen sofort nach der Ankunft in Coblenz bei der dortigen Filiale des Böckingschen Handelshauses abzuliefern. Aus der Behaglichkeit der hellerleuchteten Zimmer ging es nun hinunter an die nahe Mosel. Der Sturm hatte sich völlig gelegt, es herrschte vielleicht auch Mondschein. Paul Götze aber und der Schiffer werden sich über diese nächtliche Fortsetzung der Fahrt wenig gefreut haben.

Die Weiterreise nach Coblenz ging ohne Zwischenfälle vonstatten. Der Dichter berichtet in seiner Kampagne darüber nichts Näheres. Nur das überraschend schöne Landschaftsbild der Coblenzer Moselbrücke mit dem Schloß Ehrenbreitstein in abendlicher Beleuchtung im Hintergründe, das 38 die | Ankommenden begrüßte, ist ihm in der Erinnerung haften geblieben. Götze schreibt in seinem Briefe nur: »Den andern Tag wurde unsere Reise nach Coblenz ruhig fortgesetzt.« Ausdrücklich notiert er dann in seinem Rechnungsbuche ihre Anwesenheit in Coblenz für den 2. November, und zwar bucht er als erste Ausgabe: »Für Essen im Cöllnischen Hof 1 Reichsthaler 15 Groschen.«

Die Strecke von Trarbach nach Coblenz ist gegen
die Entfernung Trier–Trarbach die größere. Das
Moseldampfschiff braucht mit Anlegezeit dazu
heute sieben Stunden. Rechnet man für die Kahnfahrt eine entsprechend längere Zeit – eine Rast
scheint diesmal unterwegs nicht gemacht worden
zu sein – so wird man doch wohl mit einer Ankunft in Coblenz um die Abendzeit des 2. November zu rechnen haben. Am nächsten Tage scheint
Goethe wieder mit dem Herzoge zusammengetrof-
fen zu sein, in dessen Quartier »Zur Post« schräg
gegenüber den »Drei Kronen« auch er eine gute
Unterkunft fand. Am 4. November schrieb er von
Coblenz aus einen Brief an seine Frau Christia-
ne, in welchem es hieß: »Ich muß hier acht Tage
zusehen. Vielleicht besuche ich indessen Jakobi
in Düsseldorf.« In der Tat wurde schon am nächsten Tage nach Tisch beschlossen, wie Götze in
seinem Briefe weiter berichtet, die Reise auf dem
Rhein nach Düsseldorf fortzusetzen. Es war am
5. November. Abends mußte man bereits in Bonn
Station machen, weil das Boot ein Leck bekom-
men | hatte. Das stimmt alles ganz genau mit der 39
Datierung in Götzes Rechenbuch. So wird man
ihm auch sonst vertrauen können und Goethes
Aufenthalt in Trarbach auf den 1. November anset-
zen können. Wäre er schon am 31. Oktober dort

eingetroffen, so wäre der 1. November in keiner Weise unterzubringen.

Von Interesse sind noch die sonstigen Eintragungen vom 2. November. Für die Kahnfahrt von Trier bis Coblenz hat Goethe dem Schiffer 6 Reichstaler 12 Groschen bezahlen müssen. Die Ablader des Kahnes erhielten 8 Groschen. Wenn Goethe sich sodann am ersten Tage in Coblenz »eine Boudelle Punsch für 16 Groschen« kaufen ließ, so zeigt das, daß das nächtliche Moselabenteuer doch nicht so ganz ohne Schädigung der Gesundheit vorübergegangen ist. Jedenfalls suchte man einer im Anzug befindlichen Erkältung durch eine innere Aufwärmung wirksam zu begegnen. Für den versprochenen Transport der Matratzen zur Böckingschen Handelsniederlassung in Coblenz bekam der Fuhrmann 5 Groschen und 8 Pfennige. Sie war in der Carmeliterstraße in dem Hause der Hofrätin Nell gelegen. Ihre Entstehung und erste Entwicklung ist nicht ohne Interesse, weshalb einige Notizen darüber vielleicht willkommen sind. Im Jahre 1783 machte die Firma Richard Böcking beim Kurfürsten Clemens Wenzeslaus von Trier den Antrag, in Coblenz oder im Thal (Ehrenbreit-
40 stein) eine Handelsniederlassung | für holländische Waren und Weinhandel anzulegen, zumal letzterer in Coblenz sehr darniederliege. Verbun-

den war damit ein Gesuch um Gewährung des Bürgerrechtes und um die Erlaubnis, die Kinder im evangelischen Glauben unterweisen zu lassen. Der Kurfürst, ein aufgeklärter Regent, beraten von dem ebenso gesinnten Grafen von Walderdorf, genehmigte das im Einverständnis mit dem Trierer Domkapitel am 4. November 1783[29] und brach damit in Coblenz zuerst der Toleranz die Bahn. Die Gründung der Filiale nahm Ludwigs Bruder Adolph in die Hand. Er mietete zu dem Zwecke von der Witwe des 1784 verstorbenen Geheimrates von Coll das Untergeschoß des an der Ecke der Carmeliter- und Gerichtsstraße stehenden vornehmen von Collschen Hauses, welches der Kanzler des kunstsinnigen Kurfürsten Franz Georg von Schönborn (1729–1756), Johann Matthias von Coll, 1752 zu bauen begonnen hatte. Er starb aber schon am 17. November 1752 und seine Witwe ließ den echt herrschaftlichen Bau zu Ende führen, in welchem sie mit ihrem Sohne Wohnung nahm. Sie lebte bis 1780 und ihr Sohn folgte ihr vier Jahre später im Tode nach. Durch den Einzug der Böckingschen Firma kam neues Leben in das ruhige und geräumige Patrizierhaus. Adolph Böcking

---

29. Die Originalurkunde befindet sich im Besitze des Herrn Richard Böcking in Trarbach.

beschäftigte ein zahlreiches Geschäftspersonal. Er muß sich nur zeitweilig und vorübergehend in Coblenz aufgehalten haben, denn seine meisten Kinder sind in Trarbach zur Welt gekommen. Nur

41 eine | Tochter Caroline wurde 1794 in Coblenz geboren. An der Spitze des Coblenzer Geschäftes finden wir Philipp Christian Korn, der später in Trarbach als Weinhändler verstorben ist[30] und Karl Theodor Doll. Sie waren beide evangelischen Bekenntnisses. Das Erscheinen dieser ersten, den alteingesessenen Bürgern völlig gleichgestellten Protestanten erregte anfänglich nicht geringes Aufsehen und das angesehene protestantische Handelshaus war nicht wenigen ein Dorn im Auge.

---

30. Philipp Christian Korn, 1760 in Hausen als Sohn des dortigen Schullehrers geboren, war zunächst Handlungsbediener auf dem Böckingschen Comptoir, hierauf Geschäftsführer in Coblenz, dann zeitweilig, weil die Gebrüder Böcking vor den Franzosen geflüchtet waren, Geschäftsführer in Trarbach. Er siedelte als Associé der Böckingschen Handlung endgiltig nach Trarbach über, heiratete daselbst am 19. Februar 1798 Wihelmine Luise Huesgen, eine Tochter des verstorbenen Handelsmannes Johann Wilhelm Huesgen und starb in Trarbach am 20. März 1841. Mehrere seiner Kinder starben in zartem Kindesalter; ein am 27. August 1804 geborener Sohn Friedrich Christian starb am 28. Oktober 1881 in Traben. Zwei Brüder von ihm, Friedrich Wilhelm und Friedrich Daniel Korn, waren Kaufleute in Coblenz.

Vielleicht mag der mysteriöse Spuk,[31] der in den Räumen der Böckingschen Geschäftsfirma immer wieder sein Unwesen trieb und sich in Aechzen und Stöhnen, Kettengerassel und schaurigem Gelächter, schweren Tritten die Treppen und Gänge entlang, auch wohl in plötzlicher Erleuchtung der Geschäftsräume nach Geschäftsschluß bemerkbar machte, damit in Verbindung zu bringen sein. Man wollte durch die systematischen Störungen und Beunruhigungen den fremden Gästen den Aufenthalt in dem Hause auf die Dauer verleiden und verekeln und erreichte schließlich auch seinen Zweck. Adolph Böcking riß schließlich der Geduldsfaden: Er kündigte die Wohnung und siedelte mit seinem Personal in das oben bezeichnete Haus in der Carmeliterstraße über. Wie auf Kommando hörte der Spuk jetzt auf. Der etwas abergläubige Doll, aber auch Friedrich Wilhelm Korn, der Bruder des Coblenzer Geschäftsführers, sollen die Spukgeschichte als eine unzweifelhafte, durchaus unerklärliche Tatsache | betrachtet 42 haben und sie ihren Kindern als ein Eingreifen hö-

---

31. | Vergleiche hierzu den Aufsatz von Dr. Hans Bellinghausen in No. 1 des Coblenzer Heimatblattes vom 16. März 1924: Coblenzer Spuk- und Gespenstergeschichten. 1. Der Spuk im von Collschen Hause. Hier wird die Sache im Unklaren gelassen. 55

herer Mächte in das alltägliche Leben dargestellt haben. (!) Sie hätten wohl besser getan, den ganzen Unfug mit etwas kritischeren Augen zu betrachten. Suchte man doch im Jahre 1796 den Adjutanten des französischen Generals Kleber namens Pajol, der in einem der früheren Böckingschen Zimmer einquartiert war und den man ebenfalls als nicht gerade erwünschten Gast betrachtete, durch ähnliche und andere Belästigungen ebenso aus dem Hause zu treiben.

Ludwig Böcking aber beeilte sich, in seiner Kupferstichgalerie eine Lücke auszufüllen. Er verschaffte sich das letzte Bildnis von Goethe, das der Professor der Zeichenakademie in Weimar, Johann Heinrich Lips, ein Schweizer Zeichner und Stecher, der 1789 auf Verwendung Goethes nach Weimar gekommen war und später aus Gesundheitsrücksichten in sein Vaterland zurückkehrte, 1791 in Kreide gezeichnet und nach dieser Zeichnung 1792 in Kupfer gestochen hatte. Es idealisiert wohl etwas die Züge des Dichters und befindet sich noch im Böckingschen Hause. Ein weiterer bleibender Verkehr zwischen Trarbach und Weimar scheint sich nicht angebahnt zu haben. Der bald eintretende völlige Umschwung in der politischen Lage mag dabei wohl mitbestimmend gewesen sein. Am 11. Oktober 1794 zogen vom Hunsrück

Ludwig Böcking auf dem Totenbette. 1829.

*Nach einer Lithographie im
alten Böckingschen Familienhause.
(Vielleicht rührt dieselbe von seinem
Sohne Eduard Böcking her.)*

kommend die ersten Franzosen in Trarbach ein und auch im Böckingschen Hause lag französische | Einquartierung.[32] Die Gebrüder Böcking verließen flüchtend ihre Vaterstadt, in welche Adolph nie dauernd zurückgekehrt ist. Er hielt sich zuerst in Hanau, dann in Saarbrücken auf. Als er von hier aus mit seiner Frau und einigen Kindern seinen Bruder Ludwig in Trarbach besuchte, starb er plötzlich am 15. Mai 1800 daselbst an einem heftigen Schlagfluß und wurde zwei Tage drauf abends still neben seinem Vater zur Erde bestattet.[33] Ludwig wandte sich mit seiner Familie auch zunächst nach Hanau, wo ihm am 21. November 1794 sein Sohn Richard geboren wurde.[34] Später kehrte er wieder nach Trarbach zurück; bei der Geburt seiner Tochter Amalie Friederike am 8. September 1797 befand er sich dort. Kurze Zeit darauf ging Trarbach mit dem Oberamte in franzö-

---

32. An diese Zeit erinnert noch ein Bild des französischen Generals Desaix (gefallen am 14. Juni 1800 bei Marengo), der in dem Böckingschen Hause eine zeitlang in Quartier gelegen hat.

33. Nach dem Trarbacher Kirchenbuche.

34. Im Trarbacher Kirchenbuche findet sich eine auf Wunsch der Familie geschehene Nachtragung aus den Hanauer Taufregistern.

sischen Besitz über,[35] und am 11. Dezember 1797 erließ der Bürger Rudler, welcher zum Gouvernementskommissar der eroberten Länder ernannt war, an seine neuen Untertanen eine Proklamation, welche auch von den Kanzeln verlesen werden mußte. Bei der Versteigerung der herrschaftlichen Domänen durch die Franzosen erwarb Böcking den Mönchhof mit dem dazu gehörigen Gelände auf der Trabener Seite und vergrößerte dadurch das Familiengut.[36] Seine französischen Sprachkenntnisse sind vielleicht der Grund gewesen, weshalb man ihn frühzeitig zur Mitwirkung am Trarbacher Friedensgericht heranzog, dessen erster Friedensrichter Karl Friedrich Pfender war, der sich | bereits als Kantonsrichter betätigt hatte. Am 44 23. prärial des 7. Jahres der Republik (12. Juni 1799) wurde er zum Assessor bei demselben ernannt. Durch kaiserlichen Erlaß aus St. Cloud vom 18. August 1808 wurde er Stellvertreter (suppléant)

35. Am 17. Oktober 1797 wurde Frankreich das linke Rheinufer gewährleistet, womit sich am 11. März 1798 die Reichsdeputation auf dem Rastatter Kongreß einverstanden erklärte.

36. Der »Münchhof«, ursprünglich Eigentum der Sponheimer Grafen und Sitz für ihren Starkenburger Burgkaplan, gelangte später durch Schenkung in den Besitz des Klosters Himmerod, weshalb er wohl auch Himmeroder Hof heißt.

des Trarbacher Friedensrichters.[37] In dieser Stellung befand er sich noch bei der neuen Veränderung der politischen Verhältnisse, in die er sich schnell und gern hineinfand. Er starb am 25. August 1829 an Entkräftung und Lungenlähmung im 72. Lebensjahre. Ein Zeitgenosse bemerkt dazu: »Er starb eines sanften, leichten Todes, wie nach der Sage die Götter ihn nur ihren Lieblingen zu schenken pflegen. Seine mannigfaltigen Verdienste um sein Vaterland, insbesondere um die bessere Kultur des Weinbaues an der Mosel sichern ihm die Unsterblichkeit seines Namens.« Seine Gattin folgte ihm im Todesjahre Goethes am 8. Januar 1832 im Tode nach. Sie haben also beide noch das Erscheinen der Kampagne in Frankreich erlebt und sicherlich damals neue Anknüpfungen mit dem Dichter gesucht und gefunden. Von den

---

37. Die Ernennungsurkunden befinden sich noch im Besitze des Herrn Richard Böcking. Pfenders Stelle als Friedensrichter übernahm bald Daniel Franz. Die Amtsperiode des Friedensrichters dauerte zehn Jahre. Ihm zur Seite standen zwei Suppléanten, von denen ihn einer im Falle der Krankheit, Abwesenheit oder anderer Verhinderung vertrat. Er selbst versah seine Amtsverrichtung ohne deren Zuziehung. Neben Böcking versah zeitweilig Hargart das Amt eines Suppléanten, der auch Gerichtsschreiber (greffier) war. Die Kantonsversammlung schlug geeignete Kandidaten vor, unter denen der Kaiser wählte.

Söhnen Ludwig Böckings siedelte Richard nach Kaiserslautern über, wo er 1858 als Kaufmann gestorben ist. Adolf Karl[38] übernahm das väterliche Geschäft, beteiligte sich als Mitglied des Frankfurter Parlamentes und des preußischen Abgeordnetenhauses sehr lebhaft am politischen Leben und starb 1866 als Königlicher Kommerzienrat in Trarbach. Eduard, der jüngste Sohn, 1802 geboren, studierte die Rechte | und ist 1870 als Geheimer 45 Justizrat und Professor in Bonn verstorben. Die literarischen und künstlerischen Neigungen des Vaters sind auf ihn am meisten und dazu in einer erstaunlichen Vielseitigkeit übergegangen. Denn er gab nicht nur die Werke seines Freundes August Wilhelm Schlegel und die Ulrichs von Hutten sowie die Mosella des Ausonius in philologisch vorzüglichen Ausgaben heraus, er zeichnete auch vollendet auf Stein. Dabei war er ebenso in seinem Fach hervorragend tüchtig, und in der Geschichte der Rechtswissenschaft wird sein Name wegen der

---

38. Von diesem Adolf Böcking leben noch zwei Enkel, Richard Böcking, Chef der Firma Richard Böcking & Cie. in Trarbach, und Frau Adolph Huesgen, Ida geb. Böcking, in Traben.

Veröffentlichungen, die er hier machte, stets mit Ehren genannt werden.[39]

56   39. | Ueber Eduard Böcking hat Kentenich in der Fest-
schrift zum Traben-Trarbacher Heimatfeste im Jahre 1921
unter der Ueberschrift »Ein bedeutender Trarbacher« einige
Mitteilungen gemacht. Als Jurist gab Böcking das Bonner cor-
pus juris heraus, ein Sammelwerk, das die vor Kaiser Justinian
lebenden römischen Juristen enthält, sowie grundlegende
Einzelausgaben der Juristen Gaius und Ulpianus.